# CONTEUDO

## Prefácio

Bem-vindo a uma jornada emocionante desencadeada por este livro inspirador. Este é o seu convite para explorar os recantos mais remotos e fascinantes do nosso planeta, desde as deslumbrantes Bahamas até a rica cultura da Europa, passando pelas praias paradisíacas do Caribe. Visualize acordar em ilhas tropicais idílicas, onde o sol nasce sobre mares cristalinos e a brisa suave desperta sua alma para aventuras emocionantes. A cada dia, você terá a liberdade de escolher qual praia explorar, que atividade empolgante experimentar - do jet ski à exploração subaquática.

Compartilhará essa jornada com companheiros de viagem de todos os cantos do mundo. Imagine-se rodeado por uma comunidade diversificada e global, unidos pela busca de experiências ricas e autênticas. Surpreendentemente, essa vida repleta de emoções pode ser sustentada por um salário substancial, livre de encargos fiscais. Essa é uma realidade tangível, e este livro é a chave para desbloquear esse estilo de vida excepcional.

Através das páginas que se seguem, você descobrirá os segredos bem guardados da indústria de cruzeiros marítimos, os insights essenciais para transformar essa visão em realidade. Prepare-se para desvendar os bastidores dessa indústria fascinante, explorar oportunidades únicas e inaugurar uma jornada de autodescoberta e maravilhas. Sua aventura aguarda - bem-vindo a um mundo onde o extraordinário é a norma.

## Minha História

Me chamo Adriano F. De Lara, sou tripulante de navios de cruzeiro e tenho mais de onze anos de experiência com a industria dos cruzeiros marítimos iniciado em 2011, trabalhei em diversas companhias como, MSC Cruises, Costa Cruises e atualmente na P&O Cruises UK, eu trilhei uma jornada que abraçou os céus e os mares, uma saga de determinação que se desenrolou ao longo de várias décadas.

Desde cedo, descobri minha paixão pela aviação e uma vontade inabalável de conquistar os céus. Com minha formação como Comissário de Bordo, Piloto Comercial de Aeronaves e Instrutor de Voos de Avião, mantive um espírito resiliente e determinado.

Em 2011, um ponto de virada inesperado me levou a explorar novos horizontes.

Encontrei uma oportunidade emocionante ao embarcar em uma aventura nos mares, assumindo o papel de F&B Food and Beverage, pessoal que cuida dos alimentos e bebidas em um navio de cruzeiro.

Essa mudança não apenas trouxe novos desafios, mas também revelou talentos inexplorados, cativando os passageiros com um serviço atencioso e meu carisma inato.

No entanto, minha história estava longe de atingir seu ápice. Minha natureza pró-ativa me impulsionou a buscar novas oportunidades dentro dos cruzeiros. Fiz uma transição notável para um papel de destaque nas lojas a bordo, me tornando um catalisador para a satisfação dos passageiros, fornecendo atendimento excepcional e garantindo experiências memoráveis.

Minha trajetória como membro valioso da equipe de Duty Free em cruzeiros marítimos é um testemunho de minha adaptabilidade e dedicação implacável.

Minha história inspira não apenas aqueles que compartilham meu caminho, mas também serve como exemplo vivo de como a paixão e a perseverança podem levar a conquistas extraordinárias.

Através de minha jornada única e multifacetada, provei que o céu pode ser o limite, seja navegando pelos ares ou pelos mares, deixando uma marca indelével na indústria da aviação e da hospitalidade marítima.

## Introdução:

Nosso mundo é vasto e repleto de aventuras esperando para serem exploradas. Uma das formas mais emocionantes e únicas de explorar diferentes partes do globo é trabalhar a bordo de navios de cruzeiro. Imagine-se navegando pelas águas cristalinas do Caribe, explorando cidades históricas na Europa ou contemplando as maravilhas naturais do Alasca, enquanto desenvolve habilidades profissionais e cria memórias inesquecíveis.

Este guia foi criado para aqueles que desejam mergulhar de cabeça em uma carreira empolgante e dinâmica a bordo de um navio de cruzeiro. Ao longo das próximas páginas, exploraremos os aspectos essenciais dessa jornada - desde as vantagens únicas de trabalhar em um ambiente marítimo até as diversas oportunidades de emprego disponíveis. Você descobrirá como se preparar para essa aventura, os desafios e recompensas que aguardam e como construir uma trajetória de sucesso em meio às ondas.

Seja você um entusiasta do mar em busca de uma nova experiência, um profissional em busca de novos horizontes ou alguém ansioso por uma abordagem não convencional para o trabalho, este guia está aqui para iluminar seu caminho pelo mundo emocionante e dinâmico dos navios de cruzeiro.

Prepare-se para zarpar conosco nesta jornada rumo a uma carreira repleta de descobertas, desafios e oportunidades únicas. As próximas páginas serão o seu mapa para uma vida a bordo de navios de cruzeiro.

Imagine acordar todas as manhãs com uma vista panorâmica do oceano, o som suave das ondas quebrando contra o casco do navio e a certeza de que cada dia reserva novas aventuras. Trabalhar a bordo de um navio de cruzeiro não é apenas um emprego, é uma experiência de vida que proporciona um equilíbrio único entre trabalho e lazer. Neste guia abrangente, mergulharemos nas várias facetas dessa jornada empolgante, oferecendo dicas práticas e conselhos para quem escolher uma carreira marítima.

À medida que navegamos pelas águas deste guia, você descobrirá os bastidores fascinantes das operações de um navio de cruzeiro, desde os diferentes departamentos que mantêm tudo funcionando sem problemas até as oportunidades de crescimento profissional que se estendem diante de você. Abordaremos as habilidades essenciais que você precisará desenvolver, os desafios únicos que enfrentará e como lidar com as complexidades de viver e trabalhar em um ambiente flutuante.

Se você já sonhou em explorar destinos exóticos, construir relacionamentos globais e expandir seus horizontes, este guia é a bússola que o guiará através das águas incertas do mundo dos navios de cruzeiro. Prepare-se para desbravar uma carreira repleta de aprendizado constante, camaradagem internacional e experiências que moldarão sua vida de maneiras que você jamais imaginou.

Junte-se a nós enquanto lançamos âncora nesta emocionante viagem pelo universo dos navios de cruzeiro. As próximas páginas são um convite para explorar as profundezas dessa indústria única e descobrir como você pode navegar rumo a uma carreira gratificante e cheia de surpresas ao redor do mundo.

## Uma Breve História dos
## Cruzeiros Marítimos

No final do século XIX, os cruzeiros marítimos começaram a ganhar popularidade como uma forma luxuosa de viagem. A primeira companhia de cruzeiros, a Peninsular and Oriental Steam Navigation Company (P&O), lançou em 1844 o primeiro serviço de cruzeiro moderno, oferecendo viagens de lazer em navios a vapor pelo Mediterrâneo e Oriente Médio.

No entanto, foi apenas no século XX que os cruzeiros se tornaram mais acessíveis e atraentes para um público mais amplo. Na década de 1960, a indústria de cruzeiros começou a se expandir com a introdução de navios maiores e mais confortáveis, como o famoso "Queen Elizabeth 2" da Cunard Line. Nos anos seguintes, as companhias de cruzeiros investiram em lazer e entretenimento a bordo, transformando os navios em verdadeiros resorts flutuantes.

A década de 1980 viu o crescimento exponencial dos cruzeiros marítimos, com a construção de navios cada vez maiores e mais luxuosos. Companhias como a Royal Caribbean International e a Carnival Cruise Line se destacaram nesse período, introduzindo inovações como parques aquáticos, cassinos, restaurantes de renome e shows ao estilo da Broadway em seus navios.

No século XXI, os cruzeiros continuaram a evoluir, com um foco crescente na sustentabilidade, tecnologia e experiências personalizadas. A indústria enfrentou desafios, como questões ambientais e a pandemia de COVID-19, que levaram a um período de interrupção, mas também motivaram mudanças positivas.

Hoje, os cruzeiros marítimos oferecem uma variedade de destinos ao redor do mundo, desde praias paradisíacas até cidades históricas, e atendem a diversos interesses e orçamentos. A indústria está em constante evolução, buscando proporcionar aos passageiros experiências únicas e inesquecíveis em alto-mar.

## Vantagens de se Trabalhar
## Embarcado

Certamente, trabalhar a bordo de navios de cruzeiro como tripulante oferece uma série de benefícios emocionantes e oportunidades únicas. Aqui estão alguns dos principais benefícios que podem atrair pessoas para essa carreira empolgante:

1. **Experiência Internacional:** Trabalhar em um navio de cruzeiro permite que você viaje para diferentes partes do mundo e explore uma variedade de destinos exóticos e culturas fascinantes, muitas vezes sem custo adicional. Isso proporciona uma exposição única a diversas perspectivas culturais e geográficas.

2. **Alojamento e Alimentação:** Como tripulante, você geralmente recebe alojamento e alimentação a bordo, o que pode resultar em economia significativa em comparação com viver em terra. Isso permite que você economize dinheiro enquanto aproveita suas viagens.

3. **Crescimento Profissional:** A indústria de cruzeiros oferece uma ampla variedade de oportunidades de carreira, desde entretenimento e hospitalidade até serviços técnicos e administrativos. Você pode aprimorar suas habilidades e ganhar experiência em diferentes áreas, o que pode ser valioso para o seu desenvolvimento profissional a longo prazo.

4. **Rede Internacional:** Trabalhando com colegas de todo o mundo, você construirá uma rede internacional de contatos pessoais e profissionais. Essas conexões podem ser valiosas para futuras oportunidades de emprego e colaborações.

5. **Aventuras Constantes:** Cada cruzeiro oferece novas experiências e desafios. A rotina de trabalho nunca é monótona, pois você estará em constante movimento e se envolvendo com passageiros de diferentes origens.

6. **Treinamento e Desenvolvimento:** Muitas companhias

de cruzeiro investem em treinamento e desenvolvimento contínuos para sua equipe. Isso pode incluir cursos de capacitação, aprimoramento de habilidades e programas de liderança.

7. **Ambiente de Trabalho Único:** Trabalhar em um ambiente marítimo oferece uma atmosfera única, onde você pode desfrutar das vistas do oceano, brisa fresca e a sensação de estar em uma comunidade flutuante.

8. **Descontos em Viagens:** Muitas companhias de cruzeiro oferecem descontos ou benefícios especiais para os funcionários e seus familiares, permitindo que você aproveite cruzeiros com desconto durante seu tempo livre.

9. **Custo de Vida Reduzido:** Além do alojamento e alimentação fornecidos, muitos tripulantes acham que suas despesas pessoais diminuem significativamente enquanto estão a bordo. Com menos oportunidades de gastos excessivos e acesso a instalações e entretenimento gratuitos, você pode economizar dinheiro de forma eficaz.

10. **Aprendizado Multidisciplinar:** Trabalhar em um navio de cruzeiro oferece a oportunidade de aprender várias habilidades e adquirir conhecimento em diferentes áreas. Além das funções específicas de trabalho, você pode se envolver em treinamentos que variam desde segurança marítima até atendimento ao cliente, o que enriquecerá seu conjunto de habilidades e tornará você um profissional mais versátil.

Em resumo, trabalhar a bordo de um navio de cruzeiro como tripulante é uma oportunidade emocionante para aqueles que buscam aventura, crescimento profissional e a chance de explorar o mundo enquanto trabalham. No entanto, também é importante reconhecer que essa carreira apresenta desafios únicos, como longas horas de trabalho e a necessidade de se adaptar a um ambiente em constante mudança.Desvantagens de se trabalhar embarcado em navios de cruzeiro.

**Segue as dez mais comuns desvantagens confira:**

Trabalhar embarcado em navios de cruzeiro pode parecer glamoroso e emocionante, mas também vem com uma série de desvantagens e desafios. Aqui estão algumas das principais desvantagens:

**1. Isolamento e Solidão:** Trabalhar em um navio de cruzeiro pode significar longos períodos de tempo longe da família, amigos e entes queridos. A vida a bordo pode ser isolante, especialmente porque você estará cercado principalmente por colegas de trabalho e passageiros, dificultando o desenvolvimento de relacionamentos pessoais significativos.

**2. Horas de Trabalho Extensas e Irregulares:** Os funcionários de navios de cruzeiro geralmente enfrentam horários de trabalho intensos e irregulares. Eles podem ter que trabalhar longas horas sem dias de folga por semanas a fio, o que pode levar ao esgotamento físico e mental.

**3. Espaço Limitado e Condições de Vida Apertadas:** A acomodação e os espaços de convivência para a equipe a bordo costumam ser pequenos e compartilhados. Isso pode levar a um ambiente apertado e desconfortável, onde a privacidade é limitada.

**4. Distância de Casa e Falta de Estabilidade:** A natureza do trabalho em navios de cruzeiro implica estar longe de casa por longos períodos de tempo. Isso pode ser especialmente difícil para pessoas com laços familiares fortes ou responsabilidades em terra. Além disso, a instabilidade no emprego é uma preocupação, já que a indústria de cruzeiros pode ser afetada por flutuações econômicas e situações imprevisíveis, como pandemias, por isso sempre tenha um plano B, caso essas situações venham ocorrer novamente no futuro.

**5. Condições de Trabalho Desafiadoras:** Dependendo da posição, os trabalhadores de navios de cruzeiro podem estar expostos a condições climáticas adversas, tais como tempestades, calor extremo ou frio intenso. Além disso, algumas funções podem exigir trabalho físico pesado, enfrentando potenciais riscos à saúde e segurança.

**6. Hierarquia Rígida e Pouca Mobilidade:** A hierarquia a bordo é geralmente rígida, com poucas oportunidades de avanço para os trabalhadores de níveis mais baixos. Isso pode levar a um sentimento de falta de reconhecimento e progressão profissional limitada.

**7. Exposição a Doenças e Surto de Epidemias:** Navios de cruzeiro podem ser propensos a surtos de doenças, como gripe e gastroenterite, devido à proximidade entre as pessoas a bordo. A pandemia de COVID-19, por exemplo, destacou os riscos de saúde associados ao trabalho em um ambiente fechado com muitas pessoas.

**8. Estresse Mental e Emocional:** As demandas constantes do trabalho a bordo, a pressão para manter altos padrões de serviço e lidar com passageiros exigentes podem levar a altos níveis de estresse, ansiedade e desgaste emocional.

**9. Limitação Cultural e Social:** Dependendo da rota do cruzeiro, a exposição a diferentes culturas e experiências pode ser limitada. A rotina repetitiva a bordo pode fazer com que os trabalhadores sintam que estão perdendo oportunidades de crescimento pessoal e enriquecimento cultural.

**10. Afastamento das Atividades Terrestres:** Devido às longas horas de trabalho e à natureza do trabalho a bordo, os trabalhadores podem ter dificuldade em participar de atividades e eventos em terra durante as escalas dos cruzeiros, perdendo oportunidades de explorar destinos interessantes.

### Observação

É importante considerar essas desvantagens cuidadosamente antes de optar por trabalhar embarcado em um navio de cruzeiro, para garantir que seja uma escolha adequada às suas necessidades e objetivos de vida.

Porém, no coração da vastidão do mar, onde o horizonte encontra o céu, há um mundo encantado que se desdobra em um navio de cruzeiro. Uma jornada que oferece a promessa de aventura, descoberta e conexões únicas. No entanto, como todas as grandes viagens, essa também carrega consigo desafios e desvantagens que merecem nossa atenção.

No abraço acolhedor das ondas, onde o brilho da lua beija a superfície da água, podemos encontrar a coragem para enfrentar a solidão que por vezes se insinua. Lembre-se de que, mesmo quando rodeado por mares desconhecidos, você é uma estrela que brilha intensamente em seu próprio caminho. Encontre companheirismo nas histórias compartilhadas com colegas, encontre conforto nas palavras de casa que ecoam nos ventos do oceano.

À medida que os ponteiros do relógio dançam ao ritmo da vida a bordo, saiba que sua dedicação é como a força invisível que guia o leme do navio. Mesmo nos momentos de cansaço, você é a luz que ilumina os corredores e os sorrisos dos passageiros. A vida em alto-mar pode ser desafiadora, mas é nesses desafios que moldamos nosso caráter e descobrimos nossa resiliência.

Nos espaços acolhedores e compartilhados, onde a camaradagem floresce, encontre amizades que resistirão ao teste do tempo. Nas conversas noturnas e risos abafados, perceba que a proximidade forjada nas condições mais modestas é uma jóia rara, capaz de superar as distâncias que o oceano impõe.

Em cada porto que tocar, em cada cultura que encontrar, deixe sua marca e absorva a beleza que o mundo tem a oferecer. Mesmo nas limitações de tempo e horários, há oportunidades para abraçar a diversidade e expandir horizontes, tanto dentro quanto fora do navio.

Quando a tempestade se erguer, quando as nuvens escuras ameaçarem, lembre-se de que as maiores árvores encontram suas raízes nas tempestades mais intensas. Seja a âncora que mantém a calma na adversidade, e quando o sol finalmente quebrar as nuvens, seu espírito brilhará ainda mais radiante.

Nessas águas profundas e misteriosas, onde a mente vagueia e a alma encontra sua voz, você encontrará força para enfrentar o estresse e as pressões do trabalho a bordo. Cada desafio é uma oportunidade para crescer e aprender, para florescer em um jardim que é cuidado pelas próprias mãos.

Portanto, navegue com coragem, dance com a brisa do mar e abrace cada momento, tanto os desafios quanto as alegrias, sabendo que cada experiência molda a jornada de uma vida vivida com paixão e propósito. E, quando finalmente ancorar em porto seguro, você olhará para trás e verá que a tapeçaria da sua história foi tecida com os fios dourados da perseverança e da beleza inigualável que é a vida a bordo de um navio de cruzeiro.

## *Habilidades essenciais para trabalhar embarcado.*

Um tripulante de navio de cruzeiro precisa de uma variedade de habilidades para trabalhar embarcado. Algumas delas incluem:

**1. Comunicação:** Boa comunicação é essencial para se comunicar eficazmente com os colegas de trabalho e passageiros, além de garantir a segurança a bordo.

**2. Trabalho em equipe:** Os navios de cruzeiro são ambientes colaborativos. Habilidades de trabalho em equipe são cruciais para garantir que todos possam realizar suas funções de maneira coordenada.

**3. Atendimento ao cliente:** A satisfação dos passageiros é uma prioridade. Habilidades de atendimento ao cliente são necessárias para lidar com solicitações, perguntas e até mesmo reclamações de forma cortês e eficaz.

**4. Resolução de problemas:** Situações inesperadas podem surgir a bordo. A capacidade de pensar rapidamente e resolver problemas de forma eficiente é fundamental.

**5. Adaptabilidade:** Trabalhar em um navio de cruzeiro pode significar lidar com horários irregulares, diferentes fusos horários e ambientes em constante mudança. A adaptabilidade é essencial.

**6. Organização:** Manter os espaços de trabalho arrumados e realizar tarefas conforme programado é importante para a operação suave do navio.

**7. Conhecimento técnico:** Dependendo da posição, um tripulante pode precisar de habilidades técnicas específicas, como operação de equipamentos de segurança, manutenção mecânica ou habilidades culinárias.

**8. Segurança:** A segurança a bordo é primordial. Os tripulantes devem ser treinados para lidar com emergências, seguir procedimentos de segurança e garantir o bem-estar de todos a bordo.

**9. Línguas estrangeiras:** Muitos cruzeiros têm uma clientela internacional. Habilidades em diferentes idiomas podem ser um diferencial para interações com passageiros de diversas origens.

**10. Gerenciamento do estresse:** Trabalhar em um ambiente limitado por um período prolongado pode ser estressante. Habilidades para lidar com o estresse e manter a calma são valiosas.

**11. Higiene e saúde:** A manutenção da higiene pessoal e a promoção da saúde são essenciais para evitar a disseminação de doenças a bordo.

Lembre-se de que diferentes posições a bordo exigem diferentes conjuntos de habilidades. Por exemplo, um shop assistant terá habilidades diferentes de um cozinheiro ou de um membro da equipe de entretenimento. O treinamento adequado é fundamental para desenvolver essas habilidades e garantir um desempenho eficaz a bordo.

## *Idiomas*

Os tripulantes de navios de cruzeiro desempenham uma variedade de funções que exigem habilidades linguísticas para uma comunicação eficaz. Aqui estão alguns detalhes sobre as habilidades com idiomas necessárias:

**1. Inglês Proficiente:** O inglês é a língua principal de comunicação a bordo da maioria dos navios de cruzeiro, independentemente da nacionalidade da tripulação ou dos passageiros. Isso ocorre porque muitas vezes a tripulação é composta por pessoas de diferentes países. Ter um bom domínio do inglês é essencial para entender e seguir as instruções da equipe de gestão, comunicar-se com colegas de trabalho e lidar com situações de emergência.

**2. Atendimento ao Cliente:** Muitos tripulantes estão envolvidos no atendimento ao cliente, interagindo diretamente com passageiros de diversas origens. Ter habilidades linguísticas sólidas em inglês é crucial para fornecer informações, responder a perguntas, lidar com reclamações e garantir que os passageiros se sintam bem-vindos e confortáveis durante o cruzeiro.

**3. Multilinguismo Opcional:** Em cruzeiros que atendem a uma clientela internacional, ter conhecimento básico de outras línguas além do inglês pode ser um diferencial. Isso pode incluir idiomas como espanhol, francês, alemão, italiano, chinês ou japonês, dependendo das rotas e dos públicos-alvo do cruzeiro. Essas habilidades adicionais podem ajudar os tripulantes a interagir com os passageiros de maneira mais eficaz.

**4. Comunicação Interna:** A tripulação de um navio de cruzeiro é uma equipe diversificada, com membros de várias nacionalidades. A comunicação interna entre os colegas de trabalho muitas vezes é conduzida em inglês. Isso é importante para coordenar operações, garantir a segurança a bordo e manter uma atmosfera de cooperação.

**5. Anúncios e Animações:** Em algumas funções, como entretenimento ou atividades a bordo, os tripulantes podem ser responsáveis por fazer anúncios ou conduzir atividades. Ter uma boa pronúncia e fluência em inglês é necessário para se comunicar claramente e envolver o público.

**6. Emergências e Segurança:** Em situações de emergência, a comunicação precisa e rápida é essencial. O inglês é a língua comum usada para transmitir informações vitais e coordenar procedimentos de segurança entre a tripulação e os passageiros.

**7. Documentação e Treinamento:** Muitos procedimentos operacionais e treinamentos de segurança são conduzidos em inglês. Os tripulantes precisam entender e seguir essas instruções para garantir a segurança de todos a bordo.

Em resumo, as habilidades linguísticas são uma parte fundamental da experiência de trabalho a bordo de um navio de cruzeiro. Um bom domínio do inglês e, possivelmente, conhecimento básico de outros idiomas, contribuirá para um ambiente de trabalho eficaz e para proporcionar uma experiência positiva aos passageiros de diferentes partes do mundo.

## Entrevistas com agências
## ou companhias

Uma entrevista para trabalhar como tripulante em navios de cruzeiro geralmente segue um processo rigoroso de seleção, uma vez que os candidatos precisam atender a requisitos específicos para garantir a segurança, a qualidade do serviço e a convivência a bordo. Aqui estão os passos gerais do processo de entrevista e algumas dicas sobre como se portar durante a entrevista:

**1. Inscrição:**

O primeiro passo é encontrar oportunidades de emprego em navios de cruzeiro por meio de sites de recrutamento, agências de recrutamento especializadas ou diretamente nos sites das companhias de cruzeiro. Geralmente, você preencherá um formulário online com suas informações pessoais, histórico profissional e habilidades relevantes.

**2. Triagem Inicial:**

Após enviar a inscrição, a empresa de cruzeiro ou a agência de recrutamento realizará uma triagem inicial para avaliar se você atende aos requisitos básicos para o cargo. Isso pode incluir experiência prévia em setores relacionados (hotelaria, turismo, restaurante etc.), habilidades linguísticas, treinamentos de segurança e saúde, entre outros.

**3. Entrevista Prévia:**

Se sua inscrição for bem-sucedida, você poderá ser convidado para uma entrevista prévia por telefone ou videoconferência. Nessa fase, eles podem fazer perguntas sobre sua experiência profissional, habilidades técnicas, disponibilidade, motivação para trabalhar em um navio de cruzeiro e expectativas em relação à função.

**4. Entrevista Presencial ou Virtual:**

Candidatos que passam na entrevista prévia são convidados

para uma entrevista presencial ou virtual mais abrangente. Durante essa entrevista, os recrutadores podem fazer perguntas comportamentais e situacionais para avaliar como você lida com desafios, trabalha em equipe e lida com situações estressantes. Eles também podem fazer perguntas sobre suas habilidades de atendimento ao cliente, uma vez que a satisfação dos passageiros é fundamental.

## *Dicas para se portar durante a entrevista:*

**1. Pesquisa Prévia:** Demonstre que você fez sua lição de casa, conhecendo a empresa de cruzeiro, seus destinos e sua cultura organizacional.

**2. Vista-se Adequadamente:** Opte por roupas profissionais e bem cuidadas, que estejam em linha com os padrões da indústria de hospitalidade.

**3. Habilidades de Comunicação:** Mostre habilidades de comunicação claras e eficazes. A fluência em idiomas estrangeiros, como o inglês, é muitas vezes um requisito essencial.

**4. Atitude Positiva:** Demonstre entusiasmo, flexibilidade e uma atitude positiva em relação ao trabalho em equipe e à natureza desafiadora do ambiente a bordo.

**5. Experiência Relevante:** Destaque qualquer experiência anterior relacionada a atendimento ao cliente, hospitalidade, trabalho em equipe ou outras habilidades relevantes.

**6. Exemplos Concretos:** Ao responder perguntas, forneça exemplos concretos de situações em que você demonstrou habilidades importantes, como resolução de conflitos, liderança ou adaptação a novos ambientes.

**7. Perguntas Inteligentes:** Prepare algumas perguntas inteligentes sobre o papel, as responsabilidades e a vida a bordo. Isso demonstra seu interesse genuíno na posição.

**8. Expressão Corporal:** Mantenha contato visual, sorria e mantenha uma postura confiante, mas não arrogante.

**9. Preparação para Testes:** Esteja preparado para testes práticos ou teóricos, dependendo da posição que você está buscando (ex: teste de habilidades culinárias para chefs, teste de natação para salva-vidas, etc.).

**10. Honestidade:** Seja honesto sobre suas habilidades, disponibilidade e expectativas. As companhias de cruzeiro valorizam a transparência.

Lembre-se de que as entrevistas para trabalhar em navios de cruzeiro podem variar um pouco de acordo com a empresa e o cargo desejado. Portanto, é sempre uma boa ideia ler atentamente as instruções fornecidas na fase de inscrição e buscar informações específicas sobre a empresa em questão.

## Como preparar seu currículo em inglês.

Certamente, criar um currículo sólido e atraente para companhias de cruzeiro é crucial para se destacar em um setor altamente competitivo. Aqui estão algumas dicas detalhadas para criar um currículo eficaz:

### 1. Formatação Profissional:

- Use um formato limpo e profissional.

- Escolha uma fonte legível e mantenha a consistência no tamanho da fonte.

- Utilize cabeçalhos, sublinhados ou em negrito para seções como "Experiência Profissional", "Educação", "Habilidades", etc.

### 2. Objetivo Claro:

- Inclua um objetivo claro no início do currículo, destacando sua intenção e o tipo de posição que você está buscando na empresa de cruzeiros.

### 3. Foto Adequada:

- Inclua uma foto profissional, de preferência um retrato com traje adequado à indústria, como um traje formal ou um uniforme similar ao que você usaria a bordo.

### 4. Experiência Profissional Detalhada:

- Destaque as posições relacionadas à indústria de cruzeiros, mas também inclua experiências anteriores relevantes, como hospitalidade, turismo ou atendimento ao cliente.

- Descreva suas responsabilidades específicas, conquistas notáveis e como você impactou positivamente a experiência do cliente ou do passageiro.

### 5. Habilidades Relevantes:

- Liste habilidades específicas que se alinham com as

necessidades da indústria de cruzeiros, como atendimento ao cliente, gestão de eventos, idiomas estrangeiros, resolução de problemas e trabalho em equipe.

**6. Educação e Certificações:**

- Destaque sua formação educacional relevante para a posição.

- Inclua certificações pertinentes, como treinamento em segurança marítima, cursos de atendimento ao cliente ou certificações linguísticas.

**7. Idiomas e Comunicação:**

- Destaque suas habilidades linguísticas, especialmente idiomas importantes para a indústria de cruzeiros, como inglês, espanhol, francês, entre outros.

**8. Referências:**

- Mencione que referências estão disponíveis mediante solicitação. Mantenha uma lista de referências preparada caso seja solicitada.

**9. Documentação Importante:**

- Inclua cópias digitalizadas de documentos importantes, como passaporte válido, vistos relevantes e quaisquer outros documentos exigidos para trabalhar a bordo.

**10. Personalização:**

- Adapte o currículo para a posição específica à qual você está se candidatando.

- Pesquise a companhia de cruzeiros para entender sua cultura, valores e necessidades. Isso ajudará a adequar suas experiências e habilidades de acordo.

**11. Revisão e Edição:**

- Revise cuidadosamente o currículo para verificar erros gramaticais, ortográficos ou de formatação.

- Peça a alguém de confiança para revisar o currículo antes

de enviá-lo.

Lembre-se de que seu currículo é frequentemente o primeiro ponto de contato entre você e a empresa de cruzeiros. Portanto, ele deve ser bem organizado, relevante e atrativo para chamar a atenção dos recrutadores e aumentar suas chances de ser selecionado para a entrevista.

**Aqui está o modelo de currículo em inglês:**

[Your Name]

[Your Address]

[City, State, ZIP Code]

[Your Email]

[Your Phone Number]

[Link to LinkedIn Profile (optional)]

Objective:

Seeking a challenging position with a renowned cruise ship company, utilizing my passion for customer service and my experience in [relevant skills such as event management and languages] to create memorable experiences for passengers.

Photo: [Insert your photo here]

Documents:

- Passport (Scan and insert file here)

- Visas (Scan and insert files here)

Professional Experience:

[Cruise Ship Company Name] - [City, State]

[Start Date] - [End Date]

- Highlight your key responsibilities such as delivering top-tier customer service, coordinating events and activities, problem-solving, and other relevant contributions.

[Specify more relevant positions from your work experience.]

Education:

[University or Institution Name] - [City, State]

[Bachelor's Degree] in [Field of Study]

[Year of Graduation]


Skills:

- Exceptional Customer Service

- Multilingual Communication (Fluency in [Languages])

- Event and Activity Management

- Teamwork and Leadership

- Problem Solving

Certifications:

- [Certification 1, if relevant]

- [Certification 2, if relevant]

Languages:

- [Language 1] - Fluent

- [Language 2] - Advanced

- [Language 3] - Intermediate

References:

Available upon request.

Certifique-se de substituir os campos entre colchetes com suas próprias informações e adaptar os detalhes conforme necessário. Isso garantirá que o currículo seja personalizado para suas experiências e qualificações específicas ao se candidatar a uma posição em uma companhia de navios de cruzeiro.

## Agências de recrutamento e seleção.

Dicas para Candidatos

No cenário competitivo do mercado de trabalho atual, encontrar a oportunidade profissional ideal pode ser uma tarefa desafiadora. É aqui que entram em cena as agências de recrutamento e seleção, atuando como intermediárias entre empresas em busca de talentos e profissionais em busca de emprego. Os sites dessas agências desempenham um papel crucial ao conectar esses dois grupos. Se você está procurando maneiras eficazes de explorar esses sites e maximizar suas chances de sucesso, aqui estão algumas dicas úteis:

**1. Pesquisa Detalhada:**

Antes de mergulhar nos sites das agências de recrutamento, defina claramente seus objetivos profissionais. Pesquise agências que atuem na sua área de interesse e com empresas que estejam alinhadas aos seus valores e metas de carreira.

**2. Atualize seu Currículo:**

Certifique-se de que seu currículo esteja atualizado e bem formatado. Muitas agências solicitam o upload de currículos como parte do processo de inscrição. Um currículo claro e conciso é essencial para destacar suas habilidades e experiências relevantes.

**3. Crie Perfis em Plataformas de Candidatos:**

Muitas agências de recrutamento possuem plataformas onde os candidatos podem criar perfis detalhados. Certifique-se de preencher todas as informações necessárias, incluindo experiência profissional, habilidades, formação acadêmica e preferências de emprego. Isso ajuda os recrutadores a encontrar candidatos adequados com mais facilidade.

**4. Assine Alertas de Emprego:**

A maioria dos sites de agências de recrutamento oferece a opção de assinar alertas de emprego. Inscreva-se para receber notificações sobre oportunidades relevantes diretamente em sua caixa de entrada, o que pode agilizar sua busca por emprego.

## 5. Pesquise Vagas Ativamente:

Não dependa apenas dos alertas de emprego. Faça uma busca ativa no site das agências, filtrando por setor, localização e tipo de trabalho desejado. Isso garante que você não perca oportunidades que possam não ter sido incluídas nos alertas.

## 6. Personalize sua Candidatura:

Cada aplicação que você enviar deve ser personalizada para a posição específica e a empresa em questão. Destaque as habilidades e experiências mais relevantes para cada vaga e adapte sua carta de apresentação conforme necessário.

## 7. Mantenha seu Perfil Atualizado:

Se você ganhar novas certificações, habilidades ou experiências, atualize seu perfil no site da agência imediatamente. Isso aumenta suas chances de ser notado por recrutadores em busca de candidatos com qualificações específicas.

## 8. Esteja Preparado para Entrevistas:

Quando uma agência entrar em contato para agendar uma entrevista, esteja preparado. Pesquise sobre a empresa contratante, revise as principais competências necessárias para o cargo e pratique suas respostas para perguntas comuns de entrevistas.

## 9. Mantenha um Registro:

Mantenha um registro das posições às quais você se candidatou, das datas das entrevistas agendadas e de outras interações com as agências. Isso ajuda a manter o controle do progresso de suas candidaturas.

## 10. Seja Profissional Online:

Lembre-se de que sua presença online também pode ser avaliada pelos recrutadores. Certifique-se de que suas redes sociais e outras atividades online reflitam uma imagem profissional.

Explorar os sites das agências de recrutamento e seleção pode ser uma estratégia eficaz para impulsionar sua busca por emprego. Com dedicação, pesquisa e personalização, você aumenta suas chances de encontrar a oportunidade de carreira que melhor se alinha às suas aspirações.

**Segue os sites das agências onde você pode aplicar para as vagas a bordo dos navios de cruzeiro.**

https://infinitybrazil.com.br

https://www.rosadosventosbrasil.com.br

https://ismbr.net.br

http://www.grupovalemar.com

## Treinamentos Essenciais (STCW)

O treinamento STCW (Standards of Training, Certification, and Watchkeeping for Seafarers) é um conjunto de padrões internacionais estabelecidos pela Organização Marítima Internacional (IMO) para garantir a segurança, a competência e a eficiência dos marítimos que trabalham a bordo de navios em todo o mundo. Esses padrões são aplicáveis a diversos tipos de embarcações, incluindo navios de cruzeiro. O treinamento STCW é uma parte essencial para aqueles que desejam trabalhar em navios de cruzeiro, uma vez que a segurança dos passageiros e da tripulação é uma prioridade máxima.

O treinamento STCW é composto por uma série de cursos e certificações obrigatórios, que cobrem várias áreas de conhecimento e habilidades. Aqui estão alguns detalhes sobre os principais componentes do treinamento STCW para embarcar em navios de cruzeiro:

**1. Curso Básico de Segurança de Navio (STCW Basic Safety Training):** Este é um curso fundamental que cobre os princípios básicos de segurança marítima. Ele inclui treinamento prático em várias áreas, como prevenção e combate a incêndios, primeiros socorros, sobrevivência no mar e segurança pessoal.

**2. Treinamento em Primeiros Socorros (First Aid Training):** Este curso ensina habilidades básicas de primeiros socorros e tratamento de lesões comuns que podem ocorrer a bordo.

**3. Treinamento em Combate a Incêndios (Firefighting Training):** Neste curso, os marítimos aprendem a lidar com situações de incêndio a bordo, incluindo o uso de equipamentos de combate a incêndios, técnicas de resfriamento e extinção de incêndios.

**4. Treinamento em Sobrevivência Pessoal (Personal Survival Techniques):** Esse treinamento é focado em ensinar técnicas de sobrevivência no mar, como o uso de coletes salva-vidas, botes salva-vidas e técnicas de flutuação.

**5. Treinamento de Segurança Pessoal e Responsabilidades**

**Sociais (Personal Safety and Social Responsibilities):** Este curso abrange as responsabilidades dos marítimos em termos de segurança pessoal e proteção ambiental, bem como as interações sociais a bordo do navio.

**6. Treinamento de Operação de Embarcações de Sobrevivência e Botes Salva-Vidas (Proficiency in Survival Craft and Rescue Boats):** Este treinamento ensina como operar botes salva-vidas e outras embarcações de sobrevivência, incluindo procedimentos de lançamento, manobra e resgate.

**7. Treinamento de Prevenção e Combate à Poluição (Prevention of Pollution from Ships):** Esse curso trata das regulamentações e medidas para prevenir a poluição marinha, incluindo o gerenciamento de resíduos e a minimização do impacto ambiental.

É importante notar que os requisitos específicos de treinamento podem variar dependendo do tipo de embarcação, da posição a bordo e das regulamentações do país de registro do navio. Para ingressar em um navio de cruzeiro, você geralmente precisará apresentar certificados de conclusão desses cursos, demonstrando sua competência e capacidade de trabalhar com segurança a bordo.

Antes de embarcar em um navio de cruzeiro, é aconselhável entrar em contato com a empresa de cruzeiros ou a agência de recrutamento para obter informações precisas sobre os requisitos de treinamento STCW específicos para a posição que você está buscando.

As empresas que ministram esse curso no Brasil são a Shelter e a Seaman Náutica.

Ambas têm cursos a distância nos dias atuais.

https://sheltermar.com.br

https://www.seaman.com.br

## Documentos para Embarque

Os requisitos específicos para os documentos necessários para que um tripulante embarque em um navio de cruzeiro podem variar dependendo da empresa de cruzeiros, do tipo de cargo e da nacionalidade do tripulante. No entanto, aqui estão alguns documentos comuns que os tripulantes geralmente precisam providenciar antes de embarcar para trabalhar em um navio de cruzeiro:

**1. Passaporte válido:** Um passaporte válido é essencial para viagens internacionais, incluindo embarque em navios de cruzeiro. Certifique-se de que o passaporte tenha validade suficiente para a duração do contrato de trabalho e algum tempo extra-após o término do contrato, caso haja atrasos inesperados.

**2. Visto de Trabalho ou Permissão de Trabalho:** Dependendo da nacionalidade do tripulante e do país onde o navio de cruzeiro está registrado, um visto de trabalho ou permissão de trabalho pode ser necessário para trabalhar legalmente a bordo. Esse documento é obtido em cooperação com a empresa de cruzeiros e os processos podem variar significativamente entre diferentes países.

**3. Certificados e Licenças Profissionais:** Se o tripulante estiver se candidatando para um cargo específico que exige qualificações ou treinamento especializado, pode ser necessário fornecer certificados e licenças profissionais, como certificados de marinheiro, treinamento em segurança marítima, treinamento médico, certificações de culinária, entre outros.

**4. Contrato de Trabalho:** A empresa de cruzeiros normalmente fornece um contrato de trabalho que detalha os termos e condições do emprego, incluindo salário, duração do contrato, responsabilidades, direitos e benefícios. O tripulante deve revisar e assinar esse contrato antes do embarque.

**5. Exames Médicos e Vacinas:** Os tripulantes costumam passar por exames médicos para garantir que estejam em boa saúde antes de embarcar. Além disso, dependendo do destino do cruzeiro, algumas vacinas podem ser obrigatórias ou recomendadas.

No Brasil existem algumas empresas especializadas nos exames para embarques dos tripulantes, são elas a Premedical e Samplemed.

Primeiro é necessário passar nas entrevistas com as agências para que elas indiquem qual empresa fará o exame, e cada departamento tem um exame médico definido assim como para cada companhia marítima.

https://premedical.com.br

https://www.sampletrip.com.br

**6. Carteira de Marítimo (Se Aplicável):** Alguns países podem exigir uma carteira de marítimo ou livro de registro para tripulantes que trabalham em embarcações. Esse documento atesta a experiência e as qualificações do tripulante no setor marítimo.

Nesse caso a companhia marítima fornecerá o seamen book, que seria como uma espécie de carteira de registro do marinheiro e ao mesmo tempo um documento de identificação.

**7. Carteira de Trabalho ou Documentos de Identificação:** Além do passaporte, os tripulantes também podem precisar de documentos de identificação adicionais, como carteira de trabalho ou identificação nacional, dependendo das leis e regulamentos do país onde a empresa de cruzeiros está registrada.

**8. Treinamento de Segurança Marítima:** A segurança a bordo é uma prioridade, e os tripulantes geralmente passam por treinamento de segurança, que pode incluir instruções sobre procedimentos de evacuação, uso de equipamentos de segurança e medidas de prevenção de acidentes.

É importante ressaltar que os requisitos podem variar de acordo com a posição do tripulante a bordo, a empresa de cruzeiros e as regulamentações dos países envolvidos. Portanto, é recomendável que os candidatos entrem em contato diretamente com a empresa de cruzeiros para obter informações precisas e atualizadas sobre os documentos necessários para o embarque.

Geralmente as agências depois da seleção irão encaminhar tudo o que for necessário para o devido embarque então não se preocupe com isso agora.

## Regras sobre Tatuagens e Piercings

**Tatuagens:**

Muitas empresas de cruzeiro permitem que os tripulantes tenham tatuagens, desde que sejam discretas e não contenham conteúdo ofensivo, sexualmente explícito ou violento. Geralmente, tatuagens que podem ser facilmente cobertas pelo uniforme são mais aceitáveis. No entanto, tatuagens faciais, no pescoço ou nas mãos podem ser mais restritas, pois podem ser visíveis para os passageiros e podem não se alinhar com a imagem da empresa.

**Piercings:**

A maioria das empresas de cruzeiro permite piercings, desde que sejam pequenos e não representem um risco de segurança. Piercings em áreas como orelhas e nariz são frequentemente aceitáveis. No entanto, piercings exagerados ou em locais mais visíveis, como sobrancelhas, lábios ou língua, podem ser desencorajados, já que também podem afetar a imagem da empresa.

Além disso, é importante observar que algumas empresas podem ter políticas específicas para diferentes posições a bordo do navio. Por exemplo, tripulantes que trabalham em posições de atendimento ao cliente e interagem diretamente com os passageiros podem ter restrições mais rigorosas em comparação com aqueles que trabalham em áreas de bastidores.

Em termos gerais, as empresas de cruzeiro têm diretrizes para manter uma aparência profissional e respeitável, visto que os tripulantes representam a imagem da empresa para os passageiros. Como as políticas podem variar, se você estiver interessado em trabalhar em um navio de cruzeiro, é sempre recomendável verificar as diretrizes específicas da empresa em relação a tatuagens e piercings antes de se candidatar ou aceitar uma oferta de emprego.

## *Departamentos a bordo.*

Os navios de cruzeiro são verdadeiras cidades flutuantes, projetadas para oferecer uma variedade de serviços, entretenimento e experiências aos passageiros durante suas viagens. Cada navio pode ter uma configuração ligeiramente diferente, mas, em geral, eles possuem vários departamentos para atender às necessidades e desejos dos passageiros. Abaixo estão alguns dos principais departamentos a bordo dos navios de cruzeiro, com detalhes sobre suas funções:

**1. Departamento de Hospedagem e Cabines (HK Housekeeping)**

Este departamento é responsável pela acomodação dos passageiros. Ele engloba a limpeza das cabines, a troca de lençóis e toalhas, o serviço de quarto, a resolução de problemas relacionados às cabines e a supervisão geral das operações de hospedagem.

**2. Departamento de Alimentos e Bebidas: (F&B Food and Beverage)**

Responsável por fornecer refeições e bebidas aos passageiros, este departamento abrange áreas como restaurantes, bares, lanchonetes e serviços de bufê. Além dos chefs e cozinheiros, ele inclui garçons, bartenders e equipes de serviço.

**3. Departamento de Entretenimento e Atividades: (Entertainment)**

Esse departamento é encarregado de proporcionar entretenimento a bordo, incluindo shows, espetáculos ao vivo, festas temáticas, aulas de dança, atividades esportivas, palestras e workshops.

**4. Departamento de Spa e Bem-Estar: (Spa)**

Oferece serviços de spa, massagens, tratamentos de beleza, academias de ginástica, aulas de ioga e outras atividades relacionadas ao bem-estar físico e mental dos passageiros.

**5. Departamento de Cassino: (Cassino Team)**

Responsável por administrar o cassino a bordo, oferecendo jogos de azar, como caça-níqueis, jogos de mesa e poker. Também inclui atendimento ao cliente e operações de segurança.

## 6. Departamento de Compras e Boutiques: (Shopping)

Este departamento cuida das lojas a bordo, que podem incluir boutiques de roupas, jóias, lembranças, perfumes e produtos diversos. Ele também é responsável pela gestão de vendas duty-free.

Para quem pretende ter mais tempo livre nos portos, esse e o melhor trabalho a bordo de navios de cruzeiro.

Pode não ter os melhores salários, mas digamos que tem uma qualidade de vida melhor.

Como as lojas do navio não abrem nos portos, você terá tempo livre em todos os portos em que o cruzeiro estiver atracado.

## 7. Departamento de Operações Marítimas: (Oficial)

Responsável pela navegação e segurança do navio, este departamento inclui a tripulação de convés, como capitão, oficiais de navegação, marinheiros e equipes de segurança marítima.

## 8. Departamento de Recursos Humanos: (HR)

Encarregado de recrutar, treinar e gerenciar a tripulação a bordo, incluindo a equipe de hotelaria, entretenimento, serviços e operações marítimas.

## 9. Departamento de Atendimento ao Hóspede: (Reception)

Focado em atender às necessidades dos passageiros, esse departamento lida com solicitações, reclamações e assistência em geral, garantindo que os passageiros tenham uma experiência agradável a bordo.

## 10. Departamento de TI e Comunicações: (IT Office)

Responsável por manter as operações de tecnologia da informação e comunicações a bordo, incluindo serviços de internet, telefonia e suporte técnico.

## 11. Departamento de Crianças e Adolescentes: (Youth Staff)

Oferece programas e atividades supervisionadas para crianças e adolescentes, incluindo clubes infantis, salas de jogos e atividades recreativas.

## 12. Departamento Médico: (Medical Team)

Responsável por cuidados médicos e emergências a bordo, incluindo médicos, enfermeiros e equipe médica treinada para lidar com situações de saúde.

Estes são apenas alguns dos principais departamentos encontrados a bordo de navios de cruzeiro. Cada departamento desempenha um papel fundamental para garantir que os passageiros tenham uma experiência segura e agradável durante sua viagem. É importante observar que a estrutura e a organização podem variar de acordo com a linha de cruzeiro e o tipo de navio.

## Entenda as diferenças entre
## CREW, STAFF e OFICIAL

Claro, vou explicar a diferença entre "crew", "staff" e "oficial" em um navio de cruzeiros com detalhes.

### 1. Crew (Tripulação):

A tripulação de um navio de cruzeiro é composta por todos os membros que desempenham funções operacionais e de suporte para garantir o funcionamento eficiente do navio e o conforto dos passageiros. Isso inclui uma ampla gama de cargos, desde trabalhadores de limpeza até cozinheiros, garçons, camareiras, equipe de entretenimento, segurança, entre outros. Os membros da tripulação muitas vezes têm a responsabilidade de realizar as tarefas essenciais para manter o navio em funcionamento, bem como para garantir uma experiência agradável para os passageiros.

### 2. Staff (Equipe):

A equipe em um navio de cruzeiro geralmente se refere aos funcionários responsáveis por funções administrativas, de gerenciamento e de suporte ao cliente. Isso inclui cargos como o Diretor de Cruzeiro (Cruise Director), Gerente de Hotelaria (Hotel Manager), Coordenador de Eventos (Event Coordinator), Fotógrafos, Equipe de Vendas, Relações Públicas, Recursos Humanos, entre outros. A equipe tem um papel importante na coordenação de atividades a bordo, na gestão das instalações e no atendimento ao cliente, ajudando a criar uma experiência agradável e organizada para os passageiros.

### 3. Oficiais:

Os oficiais são membros da equipe de comando e navegação de um navio de cruzeiro. Eles são responsáveis pela operação segura e eficiente do navio. Isso inclui o Capitão (Master), que é o oficial de maior patente e tem a autoridade final sobre as operações do navio. Além do Capitão, a equipe de oficiais também pode incluir o Primeiro Oficial (Chief Officer), Engenheiro-Chefe (Chief Engineer), Oficial de Navegação (Navigation Officer), Oficial de Máquinas (Engine Officer) e outros especialistas em operações e segurança do navio.

Resumindo, a principal diferença entre "crew", "staff" e "oficial" em um navio de cruzeiro reside nas funções e responsabilidades que cada grupo desempenha. A tripulação realiza tarefas operacionais essenciais, a equipe trata das atividades administrativas e de suporte ao cliente, enquanto os oficiais são responsáveis pela navegação, operação e segurança do navio. Cada um desempenha um papel fundamental na criação de uma experiência positiva e segura para os passageiros a bordo.

## Hierarquia a Bordo dos navios.

Um navio de cruzeiro é uma complexa operação que envolve vários departamentos trabalhando juntos para proporcionar uma experiência excepcional aos passageiros. Aqui estão as hierarquias típicas de alguns dos principais departamentos em um navio de cruzeiro:

**Departamento de Comando:**

- Capitão: Responsável pela operação geral do navio, pela segurança da tripulação e dos passageiros, e pela tomada de decisões críticas.

- Oficiais de Convés: Incluem o Primeiro Oficial, Oficiais de Navegação, Oficiais de Quarto e outros membros da equipe de convés responsáveis pela navegação, manobra do navio e operações de segurança.

**Departamento de Engenharia:**

- Chefe de Máquinas: Supervisiona o funcionamento do departamento de engenharia e a manutenção dos sistemas mecânicos, elétricos e de propulsão do navio.

- Engenheiros: Incluem engenheiros de diversas especialidades (mecânica, elétrica, eletrônica, etc.) que operam, mantêm e reparam os sistemas técnicos do navio.

- Mecânicos: Responsáveis pela manutenção e reparo das máquinas e equipamentos.

**Departamento de Hotelaria:**

- Diretor de Hotelaria: Supervisiona todos os aspectos do departamento de hotelaria e a experiência do hóspede a bordo.

- Gerentes de Departamento: Incluem Gerentes de Alimentação e Bebidas, Gerentes de Hospedagem, Gerentes de Entretenimento, etc.

- Tripulação de Alimentação e Bebidas: Garçons, bartenders, chefs e outros funcionários que trabalham em restaurantes, bares e cozinhas.

- Tripulação de Hospedagem: Compreende camareiras, mordomos e pessoal de limpezas responsáveis pelos quartos dos passageiros e áreas públicas.
- Entretenimento e Atividades: Compreende artistas, músicos, animadores e outros responsáveis pela programação de entretenimento e atividades a bordo.

**Departamento de Serviços ao Passageiro:**
- Diretor de Serviços ao Passageiro: Responsável por garantir a satisfação dos passageiros e resolver quaisquer problemas ou preocupações.
- Tripulação de Atendimento ao Cliente: Membros da equipe que interagem diretamente com os passageiros, fornecendo informações, assistência e resolvendo problemas.

**Departamento Médico:**
- Médico Chefe: Responsável por fornecer atendimento médico a passageiros e tripulação, supervisionar a equipe médica e coordenar evacuações médicas, se necessário.
- Enfermeiros e Paramédicos: Prestam cuidados médicos e de enfermagem aos passageiros e tripulação.

Lembre-se de que as hierarquias podem variar de acordo com a companhia de cruzeiros e o tamanho do navio. Além disso, a estrutura organizacional pode evoluir com o tempo para atender às necessidades e demandas dos passageiros e da indústria de cruzeiros.

## Conselhos de um Veterano

Se a sua intenção é se divertir, explorar o mundo, conhecer novas pessoas e receber um salário justo, então é crucial ponderar cuidadosamente ao se candidatar a certos empregos. Profissões como F&B Alimentos e Bebidas, equipe de limpeza, marinheiro e engenheiro demandam um esforço significativo; não se iluda. Algumas dessas ocupações exigem longas jornadas de trabalho, deixando pouco tempo para apreciar as maravilhas do mundo ao seu redor!

Por outro lado, não deixe que isso o desanime caso esteja buscando uma carreira sólida, como aquela na área da gastronomia. Trabalhar horas extensas não será um obstáculo, especialmente quando você observar os passageiros apreciando as iguarias que preparou. O sentimento de gratificação ao ver a satisfação das pessoas com suas criações culinárias compensará qualquer esforço extra!

# Salário

Os salários de tripulantes de navios podem variar significativamente com base em vários fatores, como o tipo de navio, a posição a bordo, o tamanho da embarcação, a rota de navegação, a experiência e a qualificação do indivíduo, bem como a empresa de navegação ou cruzeiro. Aqui estão algumas informações gerais sobre os salários de tripulantes de navios:

**1. Hierarquia a bordo:** Assim como em muitas organizações, os navios têm uma hierarquia a bordo, com diferentes categorias de tripulantes. Alguns exemplos incluem capitão, oficial de navegação, engenheiro-chefe, eletricista, cozinheiro, garçom, marinheiro, entre outros. Os salários variam de acordo com a posição ocupada.

**2. Qualificações e experiência:** A qualificação e experiência desempenham um papel importante na determinação dos salários. Tripulantes com certificações, treinamento avançado e anos de experiência geralmente podem esperar receber salários mais altos.

**3. Tipo de navio:** O tipo de navio também influência os salários. Navios de carga, petroleiros, navios de cruzeiro e embarcações offshore têm diferentes necessidades de tripulação e, consequentemente, diferentes escalas salariais.

**4. Rota e duração da viagem:** A rota do navio e a duração da viagem podem afetar os salários, especialmente para posições que requerem longas estadias no mar ou em águas perigosas.

**5. Localização geográfica:** Os salários podem variar com base na jurisdição em que o navio está registrado e nas leis trabalhistas do país em que a empresa de navegação está sediada.

**6. Benefícios e incentivos:** Além dos salários básicos, muitos tripulantes de navios recebem benefícios adicionais, como alojamento, alimentação, assistência médica e férias pagas. Alguns navios de cruzeiro também oferecem comissões ou gorjetas com base no atendimento ao cliente.

**7. Custos de vida a bordo:** Os tripulantes geralmente não têm muitos gastos enquanto estão a bordo, já que suas necessidades básicas, como comida e alojamento, são atendidas pela empresa. Isso pode afetar a percepção geral de quanto eles ganham.

**8. Flutuações do mercado:** Como em qualquer setor, os salários de tripulantes de navios podem ser afetados por flutuações do mercado, como demanda por cargas, turismo e comércio internacional.

Lembre-se de que as informações acima são uma visão geral e os detalhes específicos podem variar dependendo da empresa, do tipo de navio e da posição. Se você estiver considerando uma carreira como tripulante de navio, é importante pesquisar e obter informações atualizadas de fontes confiáveis e da indústria como por exemplo nos sites das agencias que irei disponibilizar no meu site e aqui nesse e-book.

# Cartao Brightwell

O "Brightwell Navigator" é um exemplo de cartão pré-pago projetado especificamente para tripulantes de navios de cruzeiro e marítimos em geral. Ele é oferecido pela Brightwell, uma empresa que se concentra em soluções de pagamento e gerenciamento financeiro para a indústria marítima. O Brightwell Navigator é um cartão que visa simplificar a vida financeira dos tripulantes durante o tempo que passam a bordo e fora do navio.

Aqui estão algumas características comuns do cartão Brightwell Navigator:

**1. Pagamentos e Compras:** O cartão Brightwell Navigator funciona como um cartão pré-pago que os tripulantes podem usar para fazer compras em lojas, restaurantes e outros estabelecimentos, tanto a bordo do navio quanto em terra.

**2. Saques em Caixas Eletrônicos:** Os tripulantes podem usar o cartão para fazer saques em caixas eletrônicos, permitindo-lhes acessar dinheiro em moeda local nos diferentes portos que o navio visita.

**3. Gerenciamento Online:** A Brightwell oferece um portal online onde os tripulantes podem monitorar seus saldos, transações e histórico de pagamentos. Isso permite um acompanhamento mais preciso dos gastos e uma gestão mais eficiente do dinheiro enquanto estão a bordo.

**4. Conversão de Moeda:** Como muitos navios de cruzeiro viajam por diferentes países e moedas, o Brightwell Navigator geralmente oferece a capacidade de converter automaticamente a moeda, tornando as transações internacionais mais convenientes.

**5. Benefícios Adicionais:** Além das funções básicas de pagamento, alguns cartões Brightwell Navigator podem oferecer benefícios adicionais, como descontos em lojas a bordo, programas de fidelidade e ofertas especiais.

**6. Integração com Gorjetas:** Em alguns casos, os tripulantes podem optar por ter suas gorjetas ou gratificações automaticamente depositadas em seus cartões Brightwell

Navigator, facilitando a distribuição desses valores.

Lembre-se de que as características específicas do cartão Brightwell Navigator e os serviços oferecidos podem variar com base na empresa de cruzeiros, contrato de emprego e outras circunstâncias. Se você estiver interessado em obter mais informações sobre como solicitar e usar o cartão Brightwell Navigator, é aconselhável entrar em contato diretamente com a Brightwell ou verificar as informações fornecidas pela sua companhia de cruzeiro.

## App Transfer Wise

O aplicativo Transfer Wise tem como objetivo permitir que as pessoas e empresas gastem dinheiro em diferentes moedas e locais sem enfrentar as taxas de câmbio infladas frequentemente aplicadas por instituições financeiras tradicionais.

As principais características dos serviços oferecidos pela Wise incluem:

**1. Transferências Internacionais:** A Wise permite que os usuários enviem dinheiro para contas bancárias em diferentes países com taxas de transferência transparentes e taxas de câmbio justas.

**2. Conversão de Moeda:** A plataforma Wise oferece conversões de moeda com taxas de câmbio muito próximas às taxas médias do mercado, permitindo que você economize dinheiro ao fazer pagamentos e transferências em moedas diferentes.

**3. Conta Multimoeda:** A Wise oferece contas multimoeda que permitem aos usuários manter e gastar dinheiro em várias moedas, evitando conversões desnecessárias e economizando em taxas de câmbio.

**4. Wise Business:** Além de atender a indivíduos, a Wise também oferece soluções para empresas, permitindo pagamentos internacionais e gerenciamento de finanças internacionais de maneira eficiente.

**5. Aplicativo Móvel:** A Wise possui um aplicativo móvel fácil de usar, que permite que os usuários gerenciem suas contas, façam transferências e controlem seus gastos.

É importante verificar as informações mais recentes sobre a Transfer Wise e seus serviços, já que a empresa pode ter feito atualizações ou introduzido novos recursos após a minha última atualização. Se você estiver interessado em utilizar os serviços da Transfer Wise, recomendo visitar o site oficial da empresa para obter as informações mais atualizadas sobre seus produtos e serviços.

## As Companhia pagam o
## pelo seu embarque?

Sim, muitas companhias de cruzeiro são responsáveis por cobrir os custos das passagens aéreas ou de transporte terrestre para enviar seus tripulantes para embarcar nos navios. Isso faz parte do pacote de benefícios e condições de trabalho oferecidos aos funcionários. Geralmente, as passagens são organizadas pela própria companhia de cruzeiro ou por agências especializadas em viagens para tripulantes.

No entanto, é importante notar que as políticas podem variar de uma companhia para outra. Algumas companhias de cruzeiro podem exigir que os tripulantes cubram parte dos custos das passagens, enquanto outras podem cobrir todos os custos relacionados à viagem. Além disso, as políticas também podem depender do cargo do tripulante, duração do contrato, nível hierárquico e outros fatores.

As passagens geralmente são emitidas com base nas datas de início e término do contrato de trabalho, garantindo que os tripulantes cheguem ao porto de embarque a tempo de iniciar suas funções. O transporte é um aspecto importante do processo de envio de tripulantes para trabalhar a bordo, pois garante que a equipe chegue ao navio de maneira segura e eficiente, independentemente de sua localização de origem.

Outra coisa que também pode ocorrer é que o tripulante pague seu ticket, mas depois o mesmo é reembolsado pela empresa contratante.

## O que fazer caso tenha problemas no aeroporto para embarcar.

Quando um tripulante enfrenta problemas no aeroporto devido a atrasos de voos ou cancelamentos de voos em seu país de destino, é importante seguir alguns passos para lidar com a situação de maneira eficaz. Aqui estão as etapas que o tripulante deve considerar ao entrar em contato com os telefones de emergência da empresa que o contratou:

**1. Mantenha a Calma:** É compreensível que a situação possa ser estressante, mas manter a calma é crucial para lidar efetivamente com a situação.

**2. Verifique as Informações:** Antes de entrar em contato com a empresa, verifique as informações disponíveis. Consulte os monitores de voos, aplicativos de companhias aéreas e notificações no celular para obter as informações mais recentes sobre o atraso ou cancelamento do voo.

**3. Identifique os Telefones de Emergência:** Normalmente, as empresas aéreas têm números de telefone de emergência para situações como essa. Esses números estão geralmente disponíveis no site da companhia aérea ou nas informações de contato fornecidas durante o processo de contratação.

**4. Entre em Contato com a Empresa:** Use o número de telefone de emergência para entrar em contato com a empresa que o contratou. Certifique-se de ter todos os detalhes relevantes à mão, como número do voo, localização atual, número de reserva e informações pessoais.

**5. Explique a Situação:** Ao falar com um representante da empresa, explique claramente a situação. Informe sobre o atraso ou cancelamento do voo, sua localização e seu papel como tripulante. Se houver outros membros da tripulação afetados, mencione-os também.

**6. Siga as Instruções:** O representante da empresa poderá fornecer instruções específicas com base na situação. Eles podem orientar você sobre como proceder, dependendo das políticas da empresa, da disponibilidade de voos alternativos e de quaisquer acordos pré-existentes.

**7. Mantenha-se Atualizado:** Caso o representante da empresa lhe dê alguma orientação ou previsão sobre soluções, certifique-se de manter contato regular para obter atualizações. Isso pode incluir informações sobre acomodações temporárias, reacomodação em voos futuros ou outros arranjos.

**8. Documente Tudo:** Mantenha registros de todas as conversas, incluindo datas, horários, nomes dos representantes e detalhes das instruções fornecidas. Isso pode ser útil para futuras referências, caso haja necessidade de reclamações ou problemas decorrentes da situação.

**9. Considere Recursos Adicionais:** Se a situação não for resolvida satisfatoriamente através do atendimento de emergência da empresa, considere entrar em contato com os canais regulares de atendimento ao cliente. Isso pode incluir e-mails para os departamentos apropriados ou até mesmo a visita pessoal ao balcão de atendimento da companhia aérea no aeroporto, se possível.

**10. Explorar Alternativas:** Dependendo da natureza do atraso ou cancelamento, você também pode explorar outras opções, como procurar voos alternativos em outras companhias aéreas, verificar as políticas de reembolso ou compensação, ou até mesmo contatar agências reguladoras de aviação, se necessário.

Lembre-se de que cada situação pode ser única e as instruções específicas podem variar com base na política da empresa, regulamentos locais e outras circunstâncias. O objetivo principal é garantir a segurança e o bem-estar do tripulante enquanto trabalha para resolver a situação da maneira mais eficaz possível.

Procure sempre levar um dinheiro extra ou um cartão de crédito internacional, para caso você tenha que pagar por outro voo ou até mesmo ficar em hotéis até que encontre uma solução para poder embarcar no navio, as companhias sempre reembolsam os tripulantes caso esses tipos de situação aconteçam, mas lembre sempre de documentar tudo para a companhia e informar corretamente tudo o que se passou.

## Arrumando as Malas (Chek Lilst)

Aqui está uma lista detalhada do que um tripulante pode considerar levar na mala ao embarcar para trabalhar em um navio de cruzeiro:

**1. Documentos e itens essenciais:**
- Passaporte e visto (se necessário)
- Carteira de trabalho e/ou contrato de emprego
- Documentos de embarque e identificação da companhia
- Carteira de marinheiro ou certificações relevantes
- Dinheiro em espécie e/ou cartões de crédito/débito

**2. Vestuário:**
- Uniformes e trajes exigidos pelo empregador
- Roupas pessoais para uso durante o tempo livre
- Roupas íntimas e meias suficientes para a duração da viagem
- Roupas de banho e acessórios de praia (se houver áreas de lazer)

**3. Calçados:**
- Sapatos de trabalho adequados (antiderrapantes, de acordo com a função)
- Tênis ou sapatos confortáveis para o tempo livre
- Sandálias ou chinelos para uso na área da piscina ou praia

**4. Itens de cuidado pessoal:**
- Produtos de higiene (escova de dentes, pasta, sabonete, shampoo etc.)
- Produtos de beleza e maquiagem (se aplicável)
- Medicamentos pessoais e receitas médicas

**5. Eletrônicos e entretenimento:**
- Laptop, tablet ou smartphone
- Carregadores e adaptadores de energia
- Fones de ouvido
- Livros, revistas ou outros itens de entretenimento

**6. Equipamentos de trabalho (dependendo da função):**
- Ferramentas específicas
- Dispositivos de comunicação (rádios, walkie-talkies)

**7. Outros itens úteis:**

- Protetor solar e repelente de insetos
- Toalhas de banho (caso não sejam fornecidas)
- Lanterna pequena
- Artigos de papelaria (canetas, bloco de anotações)

Lembre-se de verificar as regulamentações da companhia e as restrições de bagagem antes de empacotar. A lista pode variar com base na duração da viagem, destino e função a bordo.

NAVEGANDO RUMO AO SUCESSO

## *Principais Medicamentos*
## *que devemos levar:*

**Itens de medicamentos úteis para um tripulante em um navio de cruzeiro podem incluir:**

**1. Medicamentos de primeiros socorros:**
- Analgésicos (paracetamol, ibuprofeno) para dores de cabeça, dores musculares, etc.
- Antissépticos (peróxido de hidrogênio, povidona iodada) para feridas leves
- Bandagens e curativos para pequenos cortes e arranhões
- Compressas esterilizadas
- Tesoura e pinça de primeiros socorros

**2. Medicamentos para enjoo:**
- Anti-histamínicos (dimenidrinato, meclizina) para enjoo e náuseas
- Bandas de acupressão para alívio do enjoo

**3. Medicamentos para distúrbios gastrointestinais:**
- Antiácidos para azia e indigestão
- Medicamentos contra diarreia (loperamida)

**4. Medicamentos para resfriados e alergias:**
- Descongestionantes e antialérgicos para alívio de sintomas nasais e alergias sazonais

**5. Medicamentos para dor de garganta e tosse:**
- Pastilhas ou sprays para aliviar a irritação da garganta
- Xaropes para tosse (caso necessário)

**6. Medicamentos pessoais:**
- Qualquer medicação prescrita regularmente pelo médico
- Medicamentos de uso pessoal (como para alergias, asma, diabetes)

**7. Protetor solar labial e pomadas:**
- Para proteção e tratamento de lábios rachados e queimados pelo sol

**8. Medicamentos específicos para a saúde mental:**
- Se houver prescrição médica para ansiedade, depressão ou

outras condições, é importante trazer esses medicamentos.

## 9. Suprimentos médicos pessoais:
- Agulhas e seringas (se necessárias para medicações específicas)
- Dispositivos de monitoramento (como medidores de glicose para diabéticos)

Lembre-se de verificar com um profissional de saúde ou médico antes de iniciar a viagem para garantir que você tenha os medicamentos adequados para suas necessidades individuais.

# *Agradecimentos*

Prezado Leitor,

Gostaria de expressar minha mais sincera gratidão por escolher adquirir e explorar o e-book.

Como autor, é uma alegria saber que você está investindo em seu próprio desenvolvimento.

Que este conteúdo seja uma fonte enriquecedora de aprendizado e inspiração, guiando-o para um futuro repleto de conquistas.

Encorajo você a embarcar nessa jornada de conhecimento com entusiasmo e curiosidade.

Se durante a leitura surgirem dúvidas ou reflexões, não hesite em compartilhá-las em suas opiniões.

Estou ansioso para ouvir suas perspectivas e colaborar para aprimorar ainda mais essa experiência.

Desejo a todos um ótimo embarque no caminho do saber e crescimento contínuo.

Atenciosamente,

Adriano Lara

**Instagram: @adrianotreveller**
https://www.crew-alert.com/